SCHIRMER'S LIBRARY
OF MUSICAL CLASSICS

Johann Sebastian Bach

The Well-Tempered Clavier

(El Clavicordio Bien Templado)

For the Piano

Edited by

EDWIN HUGHES

IN TWO BOOKS

Book I — Library Vol. 1483
Book II — Library Vol. 1484

G. SCHIRMER, Inc.

DISTRIBUTED BY

HAL•LEONARD®
CORPORATION

7777 W. BLUEMOUND RD. P.O. BOX 13819 MILWAUKEE, WI 53213

Printed in the U. S. A.

PREFACE

In 1722 Johann Sebastian Bach made a collection of twenty-four fugues and a like number of compositions in freer form, to which he gave the title "Preludes," embracing every tonality, major and minor. They had been written at various times, but were now brought together in one volume with the following lengthy and explanatory heading: "The Well-Tempered Clavichord, or Preludes and Fugues in all Keys, Major and Minor, for the benefit and use of musical young persons who are desirous to learn, also for the enjoyment of those who are already skilled in this study, by Johann Sebastian Bach, conductor and chamber-music director to the Prince of Anhalt in Cöthen. Anno 1722." The distinctly instructive character of the collection was thus unmistakably set forth on the title-page, yet not to the exclusion of its proving a source of pleasure and profit to those further along in the study and practice of the art of music.

The Manuscripts Four manuscripts of this volume, more or less complete, exist in Bach's own handwriting, although one is of doubtful authenticity, and there are a number of copies by pupils and others, but there never seems to have been any attempt to have the work engraved during Bach's lifetime, perhaps because the collection was intended primarily for the pupils and immediate musical circle of the composer.

In 1744 there appeared a musical counterpart of the first collection in the shape of a second series of twenty-four Preludes and Fugues, running the whole gamut of major and minor tonalities, as before, but without the elaborate title which graces the first set. This series also was never printed until long after the composer's death, and when it finally did see the light of publicity, only copies from other hands could be found from which to make the plates, until, during the last decade of the nineteenth century, a manuscript of the work in Bach's own handwriting, lacking only three preludes and fugues, was unearthed in England.

The Early Editions The first printed editions appeared almost simultaneously in 1801 from the publishing houses of Simrock and of Hoffmeister & Kühnel (now Peters). The Simrock edition bore the date of December, 1800, so that it perhaps has claim to a slight priority. These and subsequent editions were superseded by the Czerny edition, published in 1837 by Peters in Leipsic, which became the most widely broadcast edition of the Well-Tempered Clavichord, and the one to which almost every pianist owed his knowledge of Bach's immortal Forty-Eight Preludes and Fugues. The Czerny edition, although through its wide publicity it added enormously to the popularity of the work, and, through its excellent fingering, made the road of the student an easier one, was full of arbitrary alterations or unconscious deviations from the original text, together with uncorrected textual errors from the early editions. Many of these

PREFACIO

En 1722 Johann Sebastian Bach presentó una colección de veinticuatro fugas y otras tantas composiciones en forma más liberal a las que les dió el título de " Preludios, „ las cuales abrazan todas las tonalidades mayores y menores. Dichas obras habían sido escritas en diversas épocas, pero él las copilo y vieron la luz con la preliminaria extensa que sigue: " El Clavicordio Bien Templado o Preludios y Fugas en todas las Llaves, Mayores y Menores, para el provecho y utilidad de los estudiantes jóvenes que deseen aprenderlos, así como también para el recreo de aquellos músicos ya diestros en el ramo, por Johann Sebastian Bach, director de orquesta de la música de cámara del Príncipe de Anhalt en Cöthen, Año 1722. „ Pues así quedaba inscrito en el frontispicio de esta colección, su valor instructivo, sin que por eso excluyese a aquellos que pudieran derivar gusto y beneficio al ejecutarlos, por lo mismo que estaban suficientemente adelantados en el estudio y práctica de la música.

Los Manuscritos Hay en existencia cuatro manuscritos poco más o menos completos, hechos por mano de Bach, aunque queda dudosa la autenticidad de uno de ellos, y hay muchas copias por los discípulos y otros copistas, indudablemente a nadie se le ocurrió hacerlas imprimir durante la vida de Bach, talvez esto, sea debido al hecho que la colección fué originalmente escrita para los discípulos y el círculo íntimo del compositor.

En 1744 apareció una contraparte musical de la primera colección, compuesta de una serie de veinticuatro Preludios y Fugas, que también abrazaban la gama entera de tonalidades mayores y menores, como las anteriores, pero estas no ostentaban el título elaborado que llevaba la primera serie. Esta serie tampoco se publicó hasta mucho tiempo después que el compositor había muerto, y cuando por fin las publicaron tuvieron que sacar las planchas de copias hechas por otras manos, hasta, que hacia fines del siglo diez y nueve encontraron en Inglaterra un manuscrito hecho por el mismo Bach al cual solo le faltaban tres preludios y fugas.

Las Primeras Ediciones En 1801 aparecieron casi simultaneamente las primeras ediciones que se publicaron por medio de la casa de Simrock y la de Hoffmeister y Kühnel (ahora Peters). Como la edición de Simrock lleva fecha de Diciembre 1800, talvez se le puede dar una pequeña precedencia. Estas como también las ediciones subsecuentes, fueron reemplazadas por la edición de Czerny, publicada en 1837 por Peters en Leipsic; esta llegó a ser la edición más conocida del Clavicordio Bien Templado y por medio de ella es que casi todo pianista vino a conocer los Cuarenta y ocho Preludios y Fugas de Bach. La edición de Czerny, aunque debido a su vasta publicidad aumentó en gran medida la popularidad de la obra, y facilitó muchísimo la tarea del estudiante por la digitación tan bien arreglada, estaba llena de innovaciones arbitrarias o deviaciones inconscientes del original y al mismo tiempo llevaba los errores no correjidos de

survive to the present day, and appear in reprints of Czerny or in editions based partly on Czerny.

Kroll and Bischoff

Fortunately the publication of a complete edition of Bach's works was undertaken about the middle of the last century by the Bach-Gesellschaft in Leipsic. Each year a new volume of the master's works appeared, with the authentic text, and in due time, a decade or two later, the Well-Tempered Clavichord was given to the public in its original garb, without tempo-marks, phrasing or other indications of interpretation, except in a few scattered instances, just as it had appeared from the pen of the composer himself. Franz Kroll was given the task of preparing the work for publication, and he left the entire musical world indebted for the thorough and infinitely painstaking manner in which he examined and compared all the manuscripts, copies and printed editions then known or extant, in order to put forth an edition which should be free from textual errors or editorial additions.

In the 1880's a most important new edition was sponsored by the publishing house of Steingräber, and the work of preparing it was placed in the efficient hands of Dr. Hans Bischoff. Not only did Bischoff stand on Kroll's shoulders, through having his and all previous editions as a starting-point for his own researches, but he was also in possession of some extremely valuable original material which had remained undiscovered in Kroll's time, namely, the so-called "Zurich Manuscript" of Part I.

The London Manuscript

Since the appearance of Bischoff's edition, but one new discovery of original material has been chronicled. It had been supposed that there was no existing manuscript of Part II, until Ebenezer Prout discovered the "London Manuscript" in the 1890's. This copy, in Bach's own hand, is now in the British Museum, minus three Preludes and Fugues which were missing and one which is still in private possession. It was formerly owned by Clementi, was sold on his death in 1832 to a Mr. Emett, and was declared genuine by Mendelssohn during a visit to England in 1842. Prout's detailed description of the manuscript appeared in the "Monthly Musical Record" for March and April, 1896, and was used by Alfred Dörffel as material for a supplementary commentary on the Well-Tempered Clavichord which was added to one of the final volumes of the Bach-Gesellschaft edition. Prout suggests in his discussion that the manuscript might have been unearthed long before, had it occurred to the German editors to cast their eyes across the Channel during their search for original material.

The editions of Bischoff and Kroll, supplemented by Prout's commentary, form the basis of the text of the present and all other modern editions worthy of mention. The work of later editors and commentators has, however, not been left out of consideration. In

Kroll y Bischoff

Felizmente hacia mediados del siglo pasado, se proyectó y se llevó a cabo una edición completa de las obras de Bach por medio de la Bach-Gesellschaft en Leipsic. Cada año se publicaba un volumen de las obras del gran maestro con su texto auténtico, y a su debido tiempo, uno o dos decados después, el Clavicordio Bien Templado salió a luz en su aspecto original, sin signos para el tiempo, fraseo o indicación alguna para la interpretación, exceptuando a raros intervalos justamente como lo había indicado el compositor con su propia mano y pluma. La preparación de la obra fué tarea de Franz Kroll, y por la certeza, minuciosidad y el cuidado infinito con que la comparó con los otros manuscritos, copias y ediciones hasta entonces imprimidas, conocidas o en existencia, le queda agradecido el mundo musical; todo cuanto hizo Kroll lo hizo con el objeto de que se imprimiera una edición libre de errores textuales o añadiduras editoriales.

En 1880 la casa de Steingräber presentó una nueva edición muy importante, cuya preparación fue obra de manos del Dr. Hans Bischoff. Este no solamente superó a Kroll, porque tenía la ventaja que le ofrecían la edición de Kroll mismo y otras anteriores a las de él, que le sirvieron para comenzar ventajosamente, sino que el mismo Bischoff había descubierto material valiosísimo desconocido en el tiempo de Kroll, material conocido por el nombre de " El Manuscrito de Zurich „ de Parte I.

El Manuscrito de Londres

Desde el tiempo que apareció la edición de Bischoff, solo se ha archivado un solo descubrimiento de material original. Se suponía que no existía manuscrito alguno de Parte II, hasta cuando Ebenezer Prout descubrió el " Manuscrito de Londres „ en 1890. Esta copia hecha por mano propia de Bach está ahora en el Museo Británico, solo le faltan tres Preludios y Fugas y uno que aun está en posesión de personas particulares. Estos fueron propiedad de Clementi, las vendieron cuando Clementi murió en 1832 a un Sr. Emett, y Mendelssohn quien las vió durante su visita a Inglaterra las declaró legítimas en 1842. La descripción detallada que dió Prout sobre dicho manuscrito, apareció en el " Monthly Musical Record „ de Marzo y Abril de 1896, y fué utilizado por Alfred Dörffel como material para un comentario suplementario sobre el Clavicordio Bien Templado que fué añadido a uno de los últimos volúmenes de la edición de la Bach-Gesellschaft. Prout sugiere en su discusión, que si se les hubiese ocurrido a los editores alemanes la idea de buscar al otro lado del canal cuando ellos hacían sus rebuscas para conseguir material original, que el tal manuscrito sin duda hubiera aparecido más antes.

Las ediciones de Bischoff y Kroll, suplementadas con el comentario de Prout, forman la base del texto de

fact, the editor has examined over twenty revisions, issued by various publishing houses, in the course of the preparation of the present edition.

la presente edición y de toda otra edición moderna que valga la pena. No por esto se ha dejado de darles consideración a los editores y comentadores subsecuentes. Es un hecho que el editor presente ha examinado más de veinte revisiones imprimidas por varias casas, durante la preparación de esta edición.

The Hughes Edition

After the monumental task of research, so thoroughly and so reverently carried out by Kroll and Bischoff in connection with the Well-Tempered Clavichord, the only plausible excuse for offering a new edition of the work to the public lies in the attempt to present it to the student and player in a form which will render the penetration into its significance and beauties somewhat less arduous, and which will make the development of a styleful interpretation and a musically satisfying execution somewhat less of a task than these would be with the mere reprinting of the bare notes as they appear in Kroll, or of the sparse indications of interpretation given by Bischoff.

There has been no tampering with the text itself, but only an earnest seeking to present it note-true, just as it was conceived and written by the composer. In cases where a decision between two readings was made necessary by divergences in the originals, all editions of standing have been consulted and compared before such a decision has been arrived at.

La Edición de Hughes

Después de la tarea monumental de rebusca, tan reverente y minuciosamente llevada a cabo por Kroll y Bischoff en conexión con el Clavicordio Bien Templado, la única escusa plausible para ofrecerla de nuevo al público es la de presentarla al estudiante y al tocador en una forma que facilite y haga más comprensible su significado y su hermosura, y que ayude a desarrollar una interpretación llena de buen gusto así como también una ejecución que deje musicalmente satisfecho, lo cual no sería tan fácil con solo reimprimir las notas solas como aparecen en Kroll, o con las pocas indicaciones sobre la interpretación como las da Bischoff.

No se ha tocado lo que no se debe en el propio texto, sino que solo se ha buscado los medios de presentarlo justo nota por nota, como fué concebido y escrito por el compositor. Las veces que se hacía difícil una decisión, por que habían dos modos de interpretar el original, se han comparado todas las ediciones de merito antes de decidir cual de las dos era la justa.

Original Indications

The few indications of tempo, dynamics and phrasing which are to be found in the manuscripts are referred to in the present editions in foot-notes. Bach gave no tempo headings for the various numbers except in the cases of Prelude and Fugue No. XXIV, Part I, and Preludes XVI and XXIV, Part II. The indications "Presto," "Adagio" and "Allegro" found toward the end of Prelude II, Part I, are from the manuscripts, as are the "Presto" at measure 23 of Prelude X, Part I, the "Allegro" at measure 25 of Prelude III, Part II, and the words *piano* and *forte* in the third and fifth measures of Prelude XVIII, Part II. A few original staccato dots and short slurs appear in one or two instances, all of which are referred to in the foot-notes. The pauses are all original indications. All the remaining marks, including indications of tempo, dynamics, touch, phrasing, fingering and, of course, metronome marks, are additions by the editor.

Indicaciones Originales

Las pocas indicaciones que se encuentran en los manuscritos, sobre el tiempo, dinámicas y fraseo, quedan anotadas en notas al pie. Bach no dió medida para el tiempo en que se debía ejecutar los varios números, excepto en el Preludio y Fuga No. 24, Parte I, y en los Preludios 16 y 24 en Parté II. Las indicaciones *Presto*, *Adagio* y *Allegro* que se hallan hacia el final del Preludio 2, en Parte I, son de los manuscritos, como también lo son el *Presto* en el compás 23 del Preludio 10, en Parte I, el *Allegro* en el compás 25 del Preludio 3, en Parte II, y las palabras *piano* y *forte* en los compases tercero y quinto del Preludio 18, en Parte II. Una o dos veces aparecen unos cuantos puntos en staccato y otras tantas ligaduras cortas, todo lo cual queda anotado en notas al pie. Las pausas son todas indicaciones originales, todas las marcas restantes, incluyendo las indicaciones para el tiempo, dinámicas, modo de ejecutar, fraseo, y digitación y por cierto las marcas para el metrónomo, son adiciones del editor.

Editorial Indications

It has been the purpose of the editor to avoid the jungle of phrasing and dynamic signs which so hopelessly clutter up the pages in many editions of the work, while still giving sufficient indications for the guidance of musically intelligent students (no others need hope to approach the Well-Tempered Clavichord with any expectation of success). It need hardly be mentioned that indications of whatever sort are to be taken as the personal opinions of the editor, and that their aim is neither dictatorial nor dogmatic, but rather suggestive

Indicaciones del Editor

El firme proposito del editor ha sido el de evitar ese laberinto de signos para el fraseo y las dinámicas que suelen congestionar y desfigurar tan vanamente las paginas de muchas de las ediciones de esta obra, pero no quiere dejar de dar suficientes indicaciones que le sirvan de guia al estudiante musicalmente inteligente (ninguna otra clase de estudiante debe atreverse a esperar que ha de tener buen éxito en el estudio del Clavicordio Bien Templado). Queda entendido que toda indicación, sea cual fuere, no son otra

and musically stimulative. A comparison of even a few of the many extant editions of the Well-Tempered Clavichord will quickly prove how futile it would be for any one editor to assume to set up irrefutable standards of interpretation. Not only are differences of opinion as to tempo, phrasing and dynamics everywhere rampant, but there is not even agreement as to the length of the fugue subjects in many cases, not to mention the structural and contrapuntal analysis of the numbers. One commentator finds a double fugue where another sees only the utilization of a thematic counterpoint. The tempo-marks of the first Prelude in Part I vary in different editions from Moderato to Allegro, the metronome indication from 76 to 112, and one meets with similar divergences on every hand.

Fingering
In the present edition, notes played by the right hand will be found on the upper staff, those for the left on the lower. In the case of some of the preludes, in places where the division of the hands is quite obvious, this has not been strictly adhered to, also in a few instances in the fugues, on account of the confusion that might arise with regard to the leading of the voices. In all such cases, however, the use of the right or the left hand has been clearly indicated. The endeavor has been made to omit all perfectly obvious fingering, as disfiguring to the score. The indication of one finger alone is generally sufficient to give the clue to the fingering of an entire group of notes. The connection between fingering and phrasing is an intimate one, the former often indicating the latter, and this should be borne in mind by the player.

Phrasing
The fugue subjects are indicated by brackets. The legato touch is regarded as the normal, and is to be taken for granted where no phrasing or articulation is given. Marks of phrasing have been used sparingly in the fugues of simpler construction, but in the more complicated ones a more elaborated use of marks has been resorted to, in order to make the contrapuntal structure clearer to the player. It has been the editor's purpose, however, to refrain from an overabundance of annotations of all sorts.

The Pedal
To avoid altogether the use of the damper-pedal in Bach would be pedantry. Not only are a number of the Preludes, such as those in C major, E flat minor and B flat minor from Part I and those in C sharp minor and F minor from Part II, immeasurably improved by a judicious use of the pedal, but also some of the Fugues in which the

cosa que la opinión personal del editor, y por lo cual no han de tomarse como dictatorias ni dogmáticas, sino simplemente como sugestiones que han de dar estímulo musical. Si se hace una comparación aun de un corto número de las ediciones, que están en existencia, del Clavicordio Bien Templado, se verá claramente cuan vano e inútil sería que un editor se pusiese a dictar modelos incontestables para su interpretación.

No solamente resaltan a cada paso las divergencias de opinión en lo que atañe al tiempo, fraseo y dinámicas, sino que ni aun hay un acuerdo absoluto sobre la extensión del tema de las fugas en muchos casos dados, sin contar lo que tiene que ver con el análisis contrapuntal de las piezas. Un comentador se figura que ve una fuga doble donde otro ve que solamente se ha utilizado el tema de un contrapunto. Las marcas para el tiempo, en el primer Preludio en Parte I, varian en las diversas ediciones desde Moderato hasta Allegro, las indicaciones para el metrónomo de 76 a 112, y por este estilo, diferencias de opinión a cada rato.

La Digitación
En la presente edición las notas que le corresponden a la mano derecha se hallan en la pauta superior, y las de la mano izquierda en la pauta de abajo. En algunos de los preludios, en los lugares donde la división de las manos es evidente, no nos hemos podido regir de este método, y lo mismo pasa en algunos casos en las fugas, porque hemos tomado en cuenta la confusión que podría resultar en cuanto a las voces que deben predominar. En tales casos se ha indicado claramente si es la mano derecha o la izquierda la que ha de tocar. Hemos tratado de omitir las marcas de digitación que no sean absolutamente necesarias, porque desfiguran la partitura. Por lo general con indicar un solo dedo ya tiene uno la clave para seguir la digitación de un grupo entero de notas. El parentesco entre la digitación y el fraseo es muy íntimo, a menudo lo uno indica lo otro, y es el deber del pianista no olvidar esto.

El Fraseo
El tema de las fugas queda indicado por paréntisis angulares. El legato es considerado como la ejecución normal, y así queda entendido donde no se vea signos para el fraseo o palabras que lo indiquen. En las fugas de construcción sencilla se han usado muy pocas marcas mientras que en las que son más complicadas se ha tenido que utilizar un método más elaborado para hacer resaltar la estructura contrapuntal de modo que la vea claramente el pianista. A pesar de todo el editor se ha esmerado en no recargar anotaciones que no fueran absolutamente necesarias.

El Pedal
Resultaría muy pedántico el dejar de servirse del pedal fuerte. No solamente hay Preludios, tales como los de Do mayor, Mi bemol menor y Si bemol menor en Parte I y los de Do sostenido menor y Fa menor en Parte II, a los cuales les da realce el pedal manejado con moderación, sino que también les da gracia a algunas de las fugas de

tempo is a measured one, as the B flat minor Fugue in Part I or the E major in Part II. To reinforce the full piano tone by means of the pedal in climaxes such as that at the close of the D major Fugue in Part I is also entirely justifiable. However, let it be kept in mind that the Well-Tempered Clavichord was composed for an instrument not equipped with a damper-pedal, and that a promiscuous use of the latter cannot be looked on as an aid to purity of style in the performance of these compositions. Many of the Preludes and Fugues gain immensely, in fact, by being played quite, or almost entirely, without pedal. In any case, its use must be so discreet as not in the least to destroy the clarity of the polyphony, and must be kept entirely out of the domain of modern "pedal effects."

Embellishments The question of the correct execution of embellishments has remained a vexed one ever since the days of Muffat and Couperin, and it will no doubt continue to be a vexed and vexatious matter so long as musical ornaments are indicated by signs instead of being written out in notation. The following will serve as a general index to the embellishment signs used in the Well-Tempered Clavichord, and their execution:

The trill (*tr* or ⌁) begins regularly on the tone diatonically above the principal note, and closes usually with a turn.

Trill beginning with a turn from below.

Trill beginning with a turn from above.

The Turn

The Mordent.

The Inverted Mordent or Short Trill (Pralltriller).

The Schleifer.

Now, while this gives a working basis for the simpler cases, it does not by any means offer a complete and final solution for every instance. As an aid to the student and player, therefore, the embellishments have been in most cases written out in foot-notes. The solutions offered do not always represent the only ones possible, and the editor grants the fullest privilege to those whose understanding of the subject is sufficiently mature to make their own interpretations of the signs in the text.

tiempo igual, como la de Si bemol menor en Parte I o la de Mi mayor en Parte II. El reenforzar llenamente el tono del piano por medio del pedal en un climax tal como el del final de la Fuga en Do mayor en Parte I, está aprobado. Pero, siempre hay que acordarse en todo caso que el uso del pedal tiene que ser discreto para no destruir en lo más mínimo la claridad de la polifonía, y hay que guardarse enteramente de no dejarse dominar por el método moderno de " efectos de pedal. „ Pues el Clavicordio Bien Templado fué escrito expresamente para un instrumento que no estaba equipado con pedal fuerte, por lo cual el uso desmedido del pedal nublaría la pureza de estilo que se requiere. En verdad, que muchos de los Preludios y Fugas se lucen más tocándolos casi sin servirse del pedal fuerte.

Los Adornos Desde los tiempos de Muffat y Couperin ha sido siempre molestosa la materia de los adornos, eso es el modo de ejecutarlas, y no hay duda que seguirá siendo un asunto molesto y molestoso mientras duren las indicaciones por medio de signos en vez de anotación. Las que damos a continuación han de servir como índice general para interpretar los signos de los adornos que se usan en el Clavicordio Bien Templado :

El trino (*tr* o ⌁) empieza por lo general con el tono diatónicamente encima de la nota principal, y usualmente termina con un grupeto.

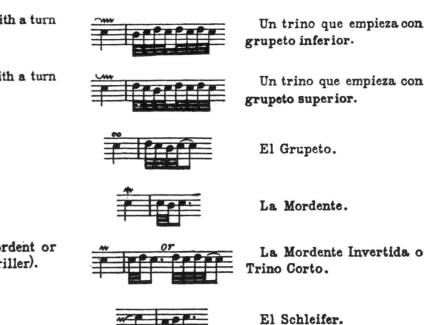

Un trino que empieza con grupeto inferior.

Un trino que empieza con grupeto superior.

El Grupeto.

La Mordente.

La Mordente Invertida o Trino Corto.

El Schleifer.

Hay que fijarse, que aunque estos ejemplos serviran de base para manejar los casos sencillos, no siempre se podrán aplicar a todos los problemas que se presenten. Por lo tanto, en la mayor parte de los casos se han escrito los adornos y están en notas al pie para que el estudiante y el ejecutante puedan servirse de ellas. Las soluciones que ofrecemos no siempre representan las únicas posibles, y el editor les da un privilegio pleno a todos aquellos que estén suficiente

All embellishments, including appoggiaturas, which are always notes foreign to the harmony with which they are associated, begin regularly on the beat, and not, as in modern music, before it. The mordent and inverted mordent are generally used for the purpose of accentuation.

After all has been said and done regarding the embellishments, their execution must be left largely to the taste of the educated performer. The fact that these ornaments are indicated by signs instead of being written out in notes (which would have been quite possible in every case) is proof enough that Bach intended to leave the player a large measure of freedom in their performance. The now obsolete custom of ornamentation as it existed in Bach's time was, in most instances, naught but a concession on the part of the composer to the performer, a granting to the latter the liberty of making his own effects by adding freely to the original—something regarded nowadays as esthetic anathema.

The matter of embellishments is elaborately discussed in Edward Dannreuther's "Musical Ornamentation" and H. Ehrlich's "Die Ornamentik in J. S. Bach's Klavierwerken," to mention two of the best known works on the subject.

maduros en el ramo para poder hacer sus propias interpretaciones de los signos del texto.

Todos los adornos, incluso las apoyaturas que siempre son notas ajenas a la armonía con la cual están asociadas, comienzan con la pulsación y no antes como pasa con la música moderna. La mordente y la mordente invertida se usan generalmente para la acentuación.

Aun después de todo cuanto se diga y se haga con respecto a los ornatos, en la mayoría de los casos hay que dejarlas al buen gusto del pianista culto. El mero hecho de que estos adornos están indicados por medio de signos en vez de estar escritos en notas (lo cual podía haberse hecho fácilmente) es prueba suficiente de que Bach le concedía al pianista plena libertad al interpretarlas. La usanza antigua para la ornamentación tal como existía en el tiempo de Bach, en la mayoría de los casos no era más que una concesión que le hacía el compositor al ejecutante, el artista tenía plena libertad para hacer sus efectos aumentándole o quitándole del original, por cierto que esto sería mirado ahora en día como un anátema estético.

Se discute elaboradamente la materia de adornos en las obras "Musical Ornamentation" por Edward Dannreuther y en "Die Ornamentik in J. S. Bach's Klavierwerken" por H. Ehrlich, que son las dos obras mejor conocidas en dicho ramo.

Bach's Instruments

In approaching the subject of the interpretation of the Preludes and Fugues in the Well-Tempered Clavichord, it is of importance to bear in mind that they were written for an instrument which differed greatly in tone-quality, compass and mechanism from our modern pianoforte. The suggestion is not intended that on this account, in playing, an attempt should be made to narrow down the tonal possibilities of the twentieth-century piano to those of the eighteenth-century clavichord. On the other hand, in considering the matters of style and interpretation, it will not do to leave out of mind the sort of instrument for which the compositions were originally conceived.

The "Clavier," as the clavichord was commonly called in Germany in those days, was Bach's favorite instrument of its class. Bach was familiar with the pianofortes built by Silbermann in the early part of the eighteenth century, improved models of the Italian Cristofori's invention, but he never owned one, and they did not succeed in arousing his very enthusiastic approval. He missed the clear, incisive attack of the clavichord, also the more intimate control which the player had over the tone in the older instrument. The harpsichord was preferred by Bach for public performance, on account of the volume of tone as compared with the clavichord and of the variety of effects obtainable. Many of the composer's larger works, including all the Concertos, the Goldberg Variations, and the Partita in B minor, were composed expressly for this instrument, as the character and compass of the music and the marks of expression definitely indicate, not to mention the historical data.

Los Instrumentos de Bach

Al tratar sobre la materia de la interpretación de los Preludios y Fugas en el Clavicordio Bien Templado, es de suma importancia acordarse siempre que estos fueron escritos para un instrumento cuya calidad de tono, extensión y mecanismo estaban muy lejos de ser como los de nuestro piano moderno. Esto no quiere decir que al ejecutar se ha de tratar de reducir las posibilidades de un piano del siglo veinte a las limitaciones de un clavicordio del siglo diez y ocho. Por otro lado tomando en cuenta la materia de interpretación y estilo, no es demás tener presente para que clase de instrumento fueron escritas originalmente las composiciones referidas.

El "Clavier" (nombre común por el que se conocía el Clavicordio en Alemania por aquella época) era el instrumento favorito de Bach. Bach conocía los pianos hechos por Silbermann a principios del siglo diez y ocho, dichos instrumentos eran modelos amejorados de la invención del italiano Cristofori, pero Bach jamás llegó a poseer uno y ni siquiera llegó a despertar en su espíritu el entusiasmo ni la aprobación. El echaba de menos aquel ataque claro y mordaz del clavicordio, y también el dominio más íntimo que ejercia el ejecutante en el clavicordio. Bach prefería el manicordio para ejecutar en público, porque tenía más volumen que el clavicordio y se podían obtener más variedad en los efectos. Muchas de las obras más extensivas del compositor fueron escritas para dicho instrumento, como es evidente por el carácter y extensión de la música y como lo indican las marcas y signos para la expresión, sin tomar en cuenta los datos históricos sobre el particular; entre las obras a que nos

With the harpsichord the tone was produced by a mechanism which plucked the strings with quills, so that *cantabile* playing was out of the question.

For music of a more intimate character Bach's preference was entirely for the "Clavier," and it was for this instrument, as the title indicates, that the Well-Tempered Clavichord was intended. One must except from this generalization the A minor Fugue, Part I, a composition of a date evidently earlier than most of the others, where the organ-point at the close could have been played only on a harpsichord with a pedal keyboard.

The Clavichord The clavichord was a small instrument with a compass of four octaves, extending from C to c'''. It could easily be taken under one's arm and carried from one place to another. The mechanism was very simple, consisting of key-levers made of one solid piece, with no joints, springs or other complications. To the back or inner ends of the key-levers were attached upright brass tangents, which, when the keys were depressed by the player, struck the strings and remained in contact with them as long as the fingers were held down. The tone was neither large in volume nor rich in quality, but within the limits of its range it was capable of much variety in the hands of a skilled player. Unlike the piano or harpsichord tone, it could be further controlled to some degree after the first impact of the tangent on the strings, so that by rocking the hand to and fro, an effect somewhat similar to the *vibrato* on the violin could be produced. Like the harpsichord of the day, it had no lever arrangement such as our modern pedal, for holding the dampers away from the strings after the keys had been released by the fingers. In fact there were no dampers as we know them on the piano, the prolongation of the tone being stopped by strips of tape wound in and out among the strings at one end.

Interpretation Albert Schweitzer, in his work on Bach, concludes from certain original marks of expression found in harpsichord compositions of the master, such as the Italian Concerto and the B minor Partita, that Bach never made use of any great degree of *nuance* in his playing of keyboard instruments, but that his expression, from a dynamic standpoint, consisted largely in an alternation of *piano* and *forte*, with no gradual merging of the one into the other. Now, although this was undoubtedly Bach's method of obtaining dynamic variety on the harpsichord, the construction of the instrument precluding any other, it is impossible to believe that Bach handled the clavichord in the selfsame manner, for its very nature invited the player to make use of the most exquisitely fine dynamic *nuances* within its limited tonal possibilities. The harpsichordist was compelled to depend for variety on stops which altered the pitch of the keyboard from an eight to a four-foot or sixteen-

referimos están los Concertos, Las Variaciones de Goldberg, y La Partita en Si menor. En el manicordio se producía el tono por medio de un mecanismo que rozaba las cuerdas, el rozamiento era producido por unas plumillas, de manera que el *cantabile* no era posible.

Para la música de carácter más íntimo Bach prefería siempre el Clavier, y fué para este instrumento, como lo indica su título, que él escribio el Clavicordio Bien Templado. De entre estas composiciones hay que exceptuar la Fuga en La menor, en Parte I, pues esta composición es sin duda de fecha anterior a las otras, el punto de órgano a la conclusión de esta pieza podía haberse tocado solamente en un manicordio con teclado manejado por pedales.

El Clavicordio El clavicordio era un instrumento pequeño, de una extensión de cuatro octavas, que iban de Do a do³. Se podía llevarlo fácilmente de un lado a otro dabajo del brazo. Su mecanismo era sencillísimo, y consistía de teclas hechas de una sola pieza, sin junturas, muelles ni ninguna otra complicación. Al lado de atrás de las teclas estaban enganchados unos tangentes de bronce, los cuales daban el golpe a las cuerdas y quedaban en contacto con ellas durante el tiempo que los dedos del ejecutante las sostenían desde el ataque hasta cuando se soltaba el teclado. El tono no era ni grande en volumen ni rico en calidad, pero entre los límites de su extensión se prestaba admirablemente a muchas variedades, de manera que un tocador hábil podía producir bonitos efectos. Se podía dominar los tonos aun después de haberlos deprimido primeramente, de modo que si se mecía la mano de un lado a otro se sacaba un efecto parecido al del *vibrato* en el violín, lo cual no se podía hacer ni en el piano ni en el manicordio. Igual al manicordio de aquella época, no tenía alzaprima que corresponda a nuestro pedal moderno para sostener los apagadores después de que los dedos abandonan el teclado. El hecho es que no se conocian pedales tal cual los tenemos en los pianos de ahora, así es que para prolongar el tono se valian de unas hileras que estaban envueltas por entre las cuerdas en uno de los estremos.

La Interpretación Alberto Schweitzer, en su obra sobre Bach, basándose en ciertas marcas sobre la expresión que observó en las composiciones para el manicordio tales como el Concerto Italiano y la Partita en Si menor, llegó a la conclusión que Bach casi nunca usaba *matices* al ejecutar en los instrumentos de teclado, sino que su expresión, bajo el punto de vista dinámico, consistía principalmente en cambios de *piano* a *forte*, los cambios eran repentinos y no trataba de fundirlos gradualmente. Pues aunque talvez este era el modo único del cual Bach podía valerse para obtener variedad dinámica en el manicordio, porque vedaba otro medio el modo como estaba construido dicho instrumento, es imposible creer que Bach ejecutaba en el Clavicordio de la mismísima manera, porque por su propia naturaleza se prestaba a que el artista se sirviera de las dinámicas más primorosas dentro los limites de su tonalidad. El que tocaba

foot tone, or on shifting from one of the two manuals to the other, which produced a different tone-color. Through couplings and the alternation of the hands on the manuals, charming effects were obtainable, but there was no possibility of shading the melodic line from tone to tone, which could be done as easily on the clavichord as on our pianos of to-day.

While many of the Preludes in the Well-Tempered Clavichord lend themselves well to a harpsichord style of performance, particularly those in faster tempo, such as the B flat major in Part I or the D minor in Part II, others would become dry as dust through such a rendition. With the Fugues this is even more the case. Schweitzer's attempt to brand dynamic *nuance* in the performance of all of Bach's keyboard compositions as a breach of style can therefore arouse little sympathy. One asks one's self what would become of the ineffable beauty and the depth of emotional content of numbers like the eighth Prelude and Fugue in Part I, under such conditions.

The truth of the matter is that the difference in style in the playing of Bach, as compared with more modern schools and conceptions of expression in music, is not so much a question of dynamics as of agogics. This becomes convincingly apparent when we compare the compositions of Bach with those of the romantic school. With the exception of a few works, such as the Chromatic Fantasie and the Organ Fantasie in G minor, in which Bach himself becomes for the time a romanticist, the carrying of agogic expression to any such lengths as are called for in Chopin, Schumann or Liszt would be ridiculously out of place. Those who wish to cultivate a styleful performance of the Preludes and Fugues in the Well-Tempered Clavichord will seek it, not in dynamic monotony, but in just the opposite, coupled with a rhythmic line that is free from exaggerated undulation, pursuing its even pace in many cases almost uninterruptedly from the beginning to the end of a composition, the *ritardandi* used sparingly and largely to mark the close of the sections, and *tempo agitato* or *rubato* treated as a complete taboo. Players should also take into consideration that a *fortissimo* as we know it on a modern grand piano was a matter of utter impossibility on the clavichord.

Bach's own Playing

As for Bach's own playing, we have, unfortunately, only hearsay evidence concerning it. J. N. Forkel, although not quite eighteen months old at the time of Bach's death, enjoyed the friendship later in life of both Wilhelm Friedemann and Carl Philipp Emanuel Bach, the two musically most important sons, and it was from them that Forkel had the information which he uses in the description of the elder Bach's manner of performance. According to Forkel, "Bach played with so easy and small a motion of the fingers that it was hardly perceptible. The fingers rose very little from the keys, hardly more than in a trill. An unemployed

el manicordio, para dar variedad a su ejecución tenía que valerse de registros que alteraban el diapasón del teclado desde un octavo a un cuarto o diez y seis de pie de tono, o tenía que cambiar de un teclado a otro lo cual producía tonalidades de otro color. Por medio de enlazaduras y cambio de manos de un teclado a otro se obtenían cambios preciosos, pero no era posible darle matiz a la melodía de tono en tono como era tan fácil hacer en el clavicordio y como lo es en los pianos del día.

Aunque muchos de los Preludios del Clavicordio Bien Templado se prestan al estilo de ejecución del manicordio, especialmente los que están escritos en tempo ligero, como el de Si bemol mayor en Parte I o el de Re menor en Parte II, hay otros que estarían secos y sin gracia ejecutándolos de ese modo. Eso sería aun más delicado tratándose de la Fugas. Después de lo dicho, hay que tener un poco de paciencia con Schweitzer quien quizo condenar como falta de buen estilo todo matiz dinámico en la ejecución de las composiciones de Bach para instrumentos de teclado. Uno se pone a cavilar sobre lo que sería de la inefable hermosura y profundidad del contenido emocional de números como el octavo Preludio y Fuga en Parte I, bajo tales condiciones.

La gran verdad del caso, es, que la diferencia de estilo al tocar Bach, comparándola con las escuelas modernas y concepciones sobre el modo de expresar la música, no es tanto materia de dinámicas como materia de entusiasmo personal. Eso se ve claramente al comparar las composiciones de Bach con las de la escuela romántica. Exceptuando fuegos artificiales tales como los que se hallan en la Fantasía Cromática y la Fantasía para Órgano en Sol menor, en las que Bach mismo se vuelve romántico, sería ridículo querer llevar a cabo una expresión anhelante como se puede hacer con Chopin, Schumann, o Liszt. Los que quieran cultivar una ejecución rebosante de buen estilo en los Preludios y Fugas para el Clavicordio Bien Templado la encontraran, no en la monotonía dinámica, sino en lo contrario, y añadiran un plan rítmico libre de ondulaciones exajeradas, yendo de principio a fin con paso igual en muchos casos, de manera que no se oiga interrupción. Los *ritardandi* se usan muy rara vez y generalmente para marcar el final de una sección, y hay que desterrar por completo el *tempo agitato* o el *rubato*. El artista no se debe olvidar que un *fortissimo* como se oye en un piano moderno de cola sería una imposibilidad en un clavicordio.

El Modo de Tocar de Bach

Infortunadamente solo nos queda lo que dicen los que lo oyeron a Bach, sobre su modo de ejecutar. J. N. Forkel quien contaba solo diez y ocho meses al tiempo en que Bach murió, llego a gozar de la buena amistad de Wilhelm Friedemann y Carl Philip Emanuel Bach, ambos hijos de Bach y dotados de talento musical, pues fué de estos dos hijos que Forkel recibió la imformación sobre la manera de tocar de Bach. Según Forkel, " Bach tocaba con un movimiento tan suave y tan primoroso de dedos que casi era imperceptible el modo como mudaba de una nota a otra. Los dedos se elevaban muy poco del teclado, un poquito más que

finger remained in the position of repose. The fingers were so placed upon the notes as to be in full control of the force they might be called upon to exert." Evidently, the discovery of weight-playing was not quite so modern as some of its devotees would have us believe. But, after all, this information is only on the technical side of the matter; as to the actual sound of the music of the Well-Tempered Clavichord as it came from fingers of Bach (on occasion he would play right through one of the volumes for a circle of pupils and friends), we are left as much in the dark as ever.

The Fugues and Their Preludes

There is no close esthetic connection, either in mood or in content, between most of the Preludes and the Fugues which follow them. In fact, a great many of the former existed as separate compositions before the collection was assembled, some of them being transposed from other keys to make them available with this or that fugue. Bach, who was a most prolific arranger of his own and others' works, was accustomed to make transpositions of various compositions of his and to use them often for quite different purposes than was first intended, so that he evidently did not share the belief of many musicians that, in musical creation, key and conception are inextricably bound together. The piano concertos are for the most part simply arrangements of violin concertos in other keys, and scores of similar examples could be cited among his works. His writing of the eighth Prelude of Part I in E flat minor and its accompanying Fugue in D sharp minor throws an interesting light on his standpoint regarding the enharmonic meeting-point of the sharp and flat keys. The lack of any particularly intimate relationship between the Preludes and Fugues in the mind of the composer is also shown by the fact that he made a separate autograph copy of all the Preludes in both parts, without the Fugues.

Equal Temperament

Perhaps Bach's apparent indifference in so many cases to changes in tonality may be traced to his partisanship for the new "tempered" scale, a method of equalized tuning which Bach was the first composer to successfully champion, and which has remained in use up to the present day. It made possible the use of keyboard instruments in all twenty-four keys, whereas they had formerly been grossly out of tune in nine of them. The enthusiastic championship of Bach for the new system, which divided the octave into twelve exactly equal semitones, is reflected in the title, "The Well-Tempered Clavichord." Among other things, the work was to foster the playing of compositions in all major and minor keys on properly tuned instruments, and Bach used it and seemed to regard it largely as material for practice and improvement for his advanced pupils.

Las Fugas y Sus Preludios

No hay conección íntima estética, ni en modo ni en contenido, entre los Preludios y las Fugas que les siguen. Es un hecho que muchas de las últimas existían como composiciones separadas antes de la copilación de la colección, algunas fueron trasportadas de una llave a otra para hacerlas parejas con esta fuga o aquella. Bach que con tanta facilidad arreglaba sus propias composiciones o las de otros maestros, ya estaba acostumbrado a hacer trasposiciones de sus obras para adaptarlas a objetos enteramente distintos de los que habían servido en un principio, así es que se ve claramente que él no participaba de aquella creencia que tienen otros músicos que, en una creación musical, la llave y el concepto quedan íntimamente confundidos para siempre. La mayoría de sus conciertos para piano son simplemente transposiciones de los conciertos para violín. Hay una luz interesante, sobre su modo de pensar en lo que atañe al punto enharmónico donde se unen las llaves de sostenidos y bemoles, en su octavo Preludio escrito en llave de Mi bemol menor y su Fuga correspondiente en Re sostenido menor, ambas en Parte I. Bajo el punto de vista del compositor no parece que existía una relación muy íntima entre los Preludios y las Fugas como lo prueba la copia autográfica que él hizo de los Preludios en ambas partes, sin las Fugas.

Temple Igual

Puede ser que la indiferencia aparente de Bach, que se nota en tantos casos, hacia los cambios de tonalidad, provenía de su gran entusiasmo hacia la nueva escala " templada, " un método para afinar igualmente del que fué partidario Bach, él fué el primer compositor que puso este método en práctica y es el método que queda hasta hoy en día. De este modo se podían tocar las veinticuatro llaves en un instrumento de teclado, mientras que antes estaban por lo general malamente desafinados en nueve llaves. El gran entusiasmo que Bach profesaba hacia este nuevo sistema se refleja en el título, *El Clavicordio Bien Templado*. El nuevo método dividía la octava en doce semitonos igualitos. Entre las otras ventajas que poseía la obra la principal era que se podía tocar en todas las llaves mayores y menores en instrumentos bien templados, y Bach la utilizó y consideró especialmente como material para el provecho de sus estudiantes adelantados.

Esthetic Considerations

The richness of imagination, the seemingly infinite variety and fecundity of ideas, and the perfection of the contrapuntal workmanship displayed in the Well-Tempered Clavichord, remain things of constant amazement to the musician. How rough-hewn most modern fugue-writing seems when compared with the perfected art of contrapuntal expression which one meets in a Bach Fugue! The moods are manifold, varying from rollicking good humor to the profoundest depths of religious fervor. Here one finds whimsical conceit, gentle sadness, nobility, gaiety, wistfulness, soul-searching introspection, crushing grief, astoundingly unique flights of fancy that defy cataloging, all spread out with kaleidoscopic prodigality of inspiration. Some of the numbers seem to spring from no other emotional source than the sheer joy of being able to put to paper a capital bit of fugue writing, or the delight in toying with some winsomely tender motive.

Contrapuntal Workmanship

There are very few traces of a dry working-out of thematic material after the manner of the old contrapuntists, feats in musical acrostics, as it were, where the same thing can be said forwards, backwards, upside down, twice as fast or twice as slow, and still make sense, or where a motive may start afresh in another voice before it has finished its say in the first, and still result in understandable musical cross-talk. Bach was intimately familiar with all these technical tricks, and with the fine art of inventing musical subjects which would lend themselves readily to such contrapuntal juggling. Happily he was so familiar with them that they offered no hindrance to his abundant fantasy, so that almost everywhere through the maze of technical mechanism there shine the pure rays of unfettered inspiration and resplendent genius. Such compositions as the D sharp minor Fugue in Part I and the E major in Part II, which belong among the greatest of all compositions for keyboard instruments, are proof enough of the sublime heights to which an inspired and unhindered mastery of this form of composition may rise.

In Part I there are numbers which hardly come up to the standard set by the finer works in that volume. Not so in Part II, however, where there is scarcely any deviation in the remarkable quality of the inspiration and musical workmanship. The master of fifty-nine, ripened by time and experience, shows his superiority over the composer of thirty-seven in a richer and more fully developed imagination, a larger grasp of materials and means, a greater and more varied power of expression. The Preludes are, in many cases, of more elaborate form and content than those of Part I, usually quite equalling the Fugues in interest. As for the contrapuntal skill, one cannot but stand in amazement before such an example of inspired musical ingenuity, for instance, as the B flat minor Fugue in the second series; and on every hand are evidences of that

Consideraciones Estéticas

La gran imaginación, la variedad infinita y fecundidad de ideas aparentes, y la perfección en el manejo de las partes contrapuntales que se ven en el " Clavicordio Bien Templado „ han de ser siempre el objeto de vivo interés y gran admiración del músico que las estudie. La mayoría de los ensayos modernos en composición de fuga, parecen tan toscos comparados con el arte perfecto en contrapunto que uno encuentra en una de las Fugas de Bach. Tiene tantísimos talantes variando desde el buen humor jovial, juguetón, hasta el sentimiento más profundo de fervor religioso. Ahí encuentra uno fantasías caprichosas, tristezas tiernas, nobleza, anhelos, exámenes de alma, penas que dominan en fin un tropel de fantasías para las cuales uno no halla palabras para describirlas, y todas estas se desenvuelven con una prodigalidad e inspiración multivariada, algunas de sus piezas solo parecen tener por mobil nacido, el deseo vehemente que se apodera del compositor para escribir una fuga hermosa, o talvez el placer grato que sentía al poder juguetear con algún motivo tierno y atractivo.

Obra Contrapuntal

Hay muy pocos razgos que indiquen que él desenvolvió secamente un tema dado, como solían hacer los contrapuntistas antiguos, que parecía algo así como un acróstico en música, donde se repite la misma cosa yendo y viniendo, cabizbajo, más ligero o más despacio, pero siempre guardando cierta lógica, o algún tema dado que empezaba en otra de las voces antes de haberse terminado en la voz que se comenzó, y que en conjunto dé un resultado músico comprensible. Bach estaba íntimamente familiarizado con todos estos ardides y tramas, y además poseía el arte primoroso de invención música que se prestaban fácilmente a estos juegos en contrapunto. Afortunadamente los conocía tan bien, que no le servían de estorbo, de manera que aun en medio de un laberinto técnico su imaginación se sobrepone al mecanismo y se ven brillar claros y puros los rayos de una inspiración sin tramas de un genio resplandeciente. Composiciones tales como la Fuga en Re sostenido menor en Parte I y la de Mi mayor en Parte II, que son las composiciones mejor escritas que existen para los instrumentos de teclado en este estilo de música, prueban claramente a que alturas sublimes puede elevar una maestría sin trabas en esta forma de composición.

En la Primera Parte hay algunos números que muy apenas alcanzan a la altura de las obras más primorosas en el mismo volumen. Pero no pasa lo mismo en la Segunda Parte donde casi no se nota deviación alguna en la inspiración elevada y maestría música. El gran maestro a la edad de cincuenta y nueve años, lleno de la experiencia que dan los años, se muestra superior al compositor de treinta y siete y sobrepuja por su imaginación desarrollada, por un dominio más amplio de materias y el modo de utilizarlas, por una expresión más profunda y más variada. En muchos casos los Preludios son más elaborados en forma y contenido que los de Parte I, casi siempre tan interesantes como las Fugas. Uno no puede dejar de asom-

consummate mastery which will remain an eternal model in polyphonic writing.

The Spiritual Side

In Bach's music we always feel a calm, superior soul ruling over, and to no small extent aloof from, the storm and stress of earthly struggle. The music is not so "human" as that of Beethoven, Schumann, Chopin, Wagner or Liszt. In its deeper moments it concerns itself little with a tonal expression of the moods, passions and emotions of the soul of man in its earthly passage, but rather seeks refuge from the problems and perplexities of life in religious mysticism and contemplation.

There are enthusiasts who would find within the magic pages of the "Forty-eight" a complete compendium of emotional expression. But in spite of these, it must be quite frankly said that Bach's range on the emotional side is far from being all-embracing. His life, surroundings, precedents and personality (there was a good deal of the mathematician in his make-up), the very period in which he lived, prevented it from being so. Since Bach's day, music as a means of emotional expression has come to do with matters little dreamed of during the first half of the eighteenth century. To urge that this is not an esthetic advance is to brand one's self as either a pedant or an ignoramus. The art of tone has become more intimately connected with life, more intense in both the means and manner of expression, more colorful, variegated and humanly emotional. It has advanced both in form and content, and it would be futile, even in the face of such a colossus as Bach himself, to attempt to belittle the import of the new musical vistas which have been opened up by the titanic genius of a Beethoven, the strange, romantic charm of a Chopin or a Schumann, the heroic splendor and exaltation of a Liszt, the formal grandeur of a Brahms, the overwhelming emotional surge of a Wagner.

The Pupil and Bach

Quite the antipode of the Bach enthusiast is the piano student who regards Bach as "technique," a deal more vexing and perplexing, of course, than the "Three C's," Czerny, Clementi and Cramer, but technique nevertheless. He has, perhaps, been rather belligerently cowed into having the Well-Tempered Clavichord thrust down his throat, and is suffering all the torments of polyphonic indigestion in the process. Ebenzer Prout devised some pleasant pellets for this particular ailment, in the shape of humoristic texts to fit the various fugue subjects. While these mottos have been the source of much perturbation on the part of the pedants and purists, who inveigh vigorously against their flippancy, they have perhaps proven of value in the cases of many recalcitrant and unimaginative students.

---

brarse al ver tales ejemplos de inspiración música, tanto ingenio en el manejo contrapuntista, como por ejemplo, en la Fuga de Si bemol menor en la segunda serie; y por todos lados sobran las pruebas de una maestría perfecta que quedará como modelo eterno en el estilo de composición polifónica.

La Parte Espiritual

En la música de Bach se siente siempre la calma, el alma que subyuga, algo que lo eleva y lo separa a uno de las tempestades que hay en el conflicto mundano. Su música no es tan " humana ,, como la de Beethoven, Schumann, Chopin, Wagner o Liszt. En sus ratos más profundos se inquieta muy poco para dar expresión tonal a los humores, pasiones y emociones del alma humana en esta vida, más bien parece que busca refugio de los problemas y perplejidades de la vida en el misticismo religioso y la contemplación.

Hay entusiastas que porfiarían que dentro de las páginas mágicas de los " Cuarenta y Ocho ,, se hallan compendiadas todas las emociones. Pero a pesar de todo esto, hay que confesar con franqueza que la gama de expresión de los sentimientos en la música de Bach no abraza todas las emociones. Su modo de vivir, su circunambiente, sus antecedentes y personalidad (él tenía mucho del matemático), hasta el período en que vivió, impedía que así fuera. Desde el tiempo de Bach, la música como medio de expresión de los sentimientos ha llegado a ligarse con asuntos que ni se soñaban a principios del siglo diez y ocho. Querer porfiar que este no es un adelanto estético, sería hacer papel de pedante o indocto. El arte de los tonos ha ido asociándose a lo más íntimo de la vida humana, se ha vuelto más intenso tanto en la materia como en el sentimiento, tiene más color, es más variada y llena de emociones humanas. Ha adelantado en forma y contenido, y sería inútil, aun ante un coloso como lo es Bach, querer achicar la importancia de las nuevas perspectivas que nos ha presentado el gran genio titánico Beethoven, los encantos románticos y raros de Chopin o Schumann, el esplendor heroico y sublime de Liszt, la grandeza esplendida de Brahms, la agitación abrumadora de sentimientos en Wagner.

Bach y el Estudiante

El reverso del entusiasta que adora a Bach, es el estudiante que considera a Bach como " técnica ,, y por supuesto técnica más enredada y molestosa que las "Tres Ces ,, , Czerny, Clementi y Cramer. No cabe duda que esta clase de estudiante es uno de aquellos que le han forzado a estudiar el Clavicordio Bien Templado, y por consiguente es víctima que ha sufrido todos los tormentos de una indigestión polifónica. Ebenezer Prout inventó unos paliativos muy agradables para esta clase de dolencia, paliativos que están en forma de textos jocosos que corresponden a los diversos temas de las varias fugas. Dichos lemas causaron inquietud y desaprobación de parte de los pedantes y puristas, quienes protestaron vigorosamente contra tal impertinencia, pero a pesar de todo eso han servido en muchos casos para despertar el ánimo de muchos estudiantes obstinados.

Development of Appreciation — The development of an appreciation for Bach is not always an easy task in a generation very apt to grow up in the belief that Tschaikowsky represents a distinct artistic advance over Mozart because he uses a larger canvas, a gaudier palette, a coarser brush and a noisier style, or that Stravinsky, in his highly interesting experiments with wild cacophonies and orchestral extravagances, has actually and artistically outdistanced the writer of the Fifth Symphony. It is doubly difficult because of the fact that the emotional appeal of Bach's music is not by any means a universal one. There is no denying the austerity of much of it, and austerity is not a quality with which to make a successful appeal to the crowd. It is extremely doubtful whether any amount of propaganda for Bach could ever bring about among music-lovers in general that wide-spread and genuine affection for his works which, for example, those of Chopin enjoy. On the other hand, however, his artistic immortality is perfectly safe in the hands of those who are able to place themselves *en rapport* with the most finely inspired, finely conceived and finely executed examples of musical creation, of which sort of music-making Bach has left us a more abundant legacy than any other composer. He is the composer's composer *par excellence*. Once the spark of delight in the beauty of the musical thought and workmanship in a single one of his compositions is kindled within the young musician, the flame of enthusiasm for his immortal genius is quite certain to burn unceasingly ever after.

It is from an intimate, personal acquaintance with his works that the genuine Bach lover is developed. The Well-Tempered Clavichord lends itself in particular to such an acquaintance, for, although its numbers will doubtless continue to exert their wonted charm over the concert-hall audience when exquisitely performed, the work was not conceived for auditoriums thronged by thousands, but rather for an immediate circle of the understanding few. Not to the multitude, but to the *cognoscenti*, belong its final delights, beauties, revelations.

BIBLIOGRAPHY

Among the most important and accessible books on Bach, the following may be mentioned: Philipp Spitta's Biography, which still remains the standard work; Albert Schweitzer's "Johann Sebastian Bach," ably translated by Ernest Newman; C. H. H. Parry's Biography, and the new translation by Charles Sanford Terry of Forkel's "J. S. Bach." For readers of German, Franz Kroll's Preface to the Bach-Gesellschaft Edition of the Well-Tempered Clavichord may be added, together with Richard Buchmayer's essay, "Cembalo oder Pianoforte," in the Bach Year-Book for 1908.

EDWIN HUGHES.

New York, March, 1924.

31840

El Modo de Desarrollar el Aprecio — El modo de despertar el aprecio hacia las obras de Bach no es tarea tan fácil como se creyera en una generación que está lista a imaginarse que Tschaikowsky representa un adelanto distintivamente artístico superior a Mozart, porque utiliza un lienzo más grande, una paleta de coloridos más vivos, pincel más tosco y estilo más bullicioso, o que Stravinsky le ha sobrepasado artísticamente al compositor de la Quinta Sinfonía, por medio de sus experimentos vivamente interesantes en cacofonías caprichosas y extravagantes para orquesta. Se hace doblemente difícil porque la música de Bach no posee un sentimiento universal. No se puede negar que la mayoría de su música tiene cierta austeridad, y la austeridad no es una virtud que se presta para despertar el gusto de la muchedumbre. Es dudosísimo que ni la propaganda más asidua pueda despertar en el alma de los amantes de la música un cariño tan verdadero y difuso como, por ejemplo, el que Chopin ha inspirado. Por otro lado su immortalidad artística está segura en manos de los que simpatizan con las obras más primorosamente inspiradas, exquisitamente concebidas y escritas, como lo son estos ejemplos de creación música, de las cuales nos ha legado Bach más generosamente que ningun otro compositor. Él es el compositor de los compositores, *el sobresaliente*. Una vez que se encienda la chispa del entusiasmo y admiración, hacia una sola de sus composiciones, en la mente del joven que estudia la música, es casi seguro que la antorcha jamás se apagará ante este genio immortal.

Los amantes de Bach nacen de la intimidad y conocimiento minucioso de sus obras. El Clavicordio Bien Templado se presta admirablemente para cultivar estos conocimientos, pues, aunque no cabe duda que sus piezas continuaran siendo el encanto de las concurrencias que van a oirlas exquisitamente ejecutas en los grandes salones de música, la obra en sí, no fué concebida para auditorios que sientan miles, sino más bien para un pequeño círculo de personas que lo entendían. El *conocedor* es él que ha de gozar de su hermosura, primor y revelación, no la muchedumbre.

BIBLIOGRAFÍA

Entre los libros más importantes y más fáciles para conseguir, que tratan sobre Bach, se pueden citar los que damos a continuación: La Biografía de Philipp Spitta, que continua siendo una obra maestra; "Johann Sebastian Bach „ por Albert Schweitzer, muy bien traducida por Ernest Newman; la Biografía de C. H. H. Parry, y la nueva traducción por Charles Sanford Terry de la obra " J. S. Bach „ por Forkel. Para los que leen el alemán, se puede añadir el Prefacio de Franz Kroll a la Edición de la Bach-Gesellschaft del Clavicordio Bien Templado, juntamente con el ensayo "Cembalo oder Pianoforte „ de Richard Buchmayer en el Libro Anual sobre Bach (año 1908).

EDWIN HUGHES.

New York, Marzo, 1924.

The Well-Tempered Clavier

El Clavicordio Bien Templado

The Well-Tempered Clavichord

Part I

Prelude I

Edited by
Edwin Hughes

El Clavicordio Bien Templado

Parte Iᵃ

Preludio Iº

Redactado por
Edwin Hughes

J. S. Bach

Moderato ♩=112

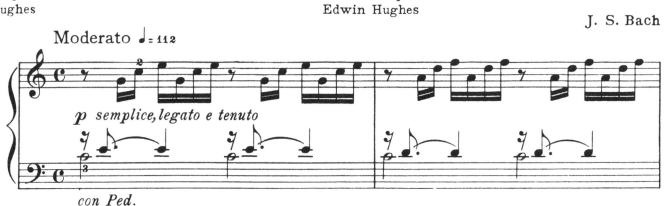

p semplice, legato e tenuto

con Ped.

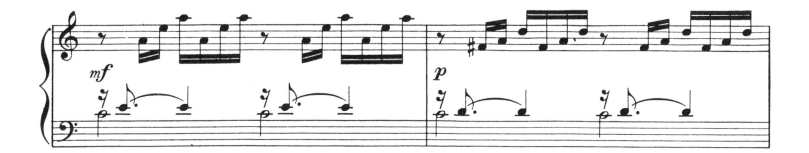

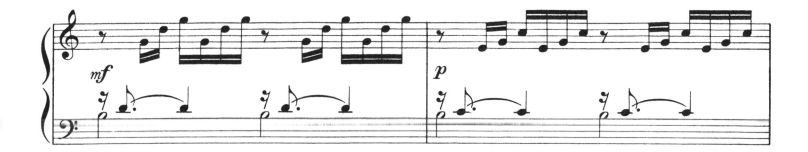

81840

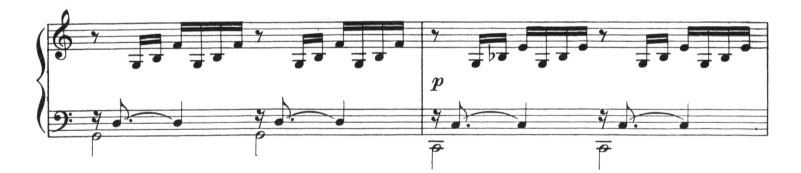

Fugue I

Fuga I^a

Andante ♩= 60
a 4 voci
poco f

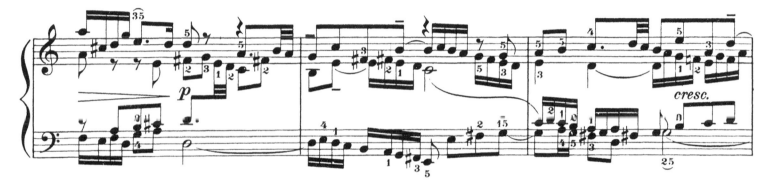

a)

Prelude II

Preludio II°

Allegro ♩=132

f energico e non legato

2

1

più *f*

mp

2

f

mp

2

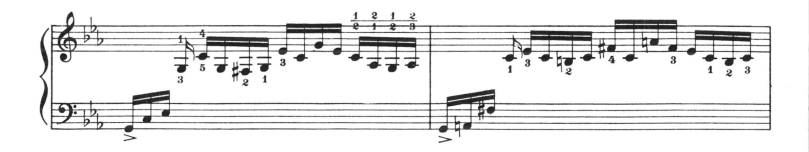

a) Presto ♩ = 144

a) Tempo marks are autographical.
Las marcas del tempo son autógrafas.

31840

Fugue II

Fuga II^a

Allegretto ♩ = 80
a 3 voci

Prelude III

Preludio III°

Vivace ♩. = 84

pp legato

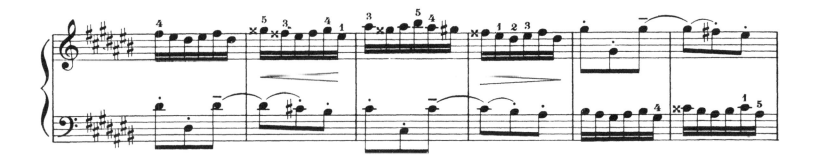

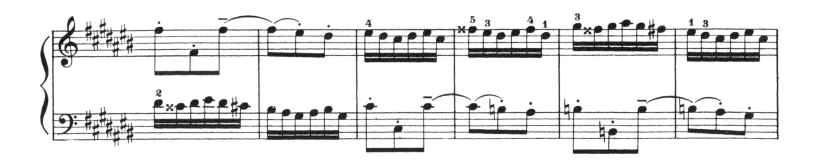

sempre staccato

Fugue III

Fuga IIIᵃ

Allegro moderato ♩ = 96

a 3 voci

p con grazia

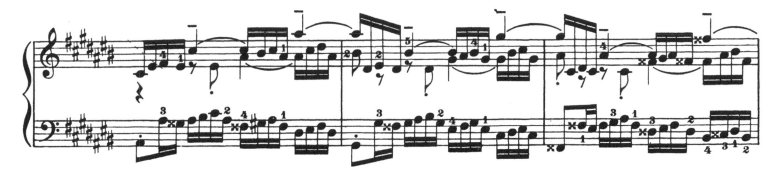

a)

Prelude IV

Preludio IVº

81840

24

a) Slurs are autographical.
Las ligaduras son autógrafas.

81840

Fugue IV   Fuga IVa

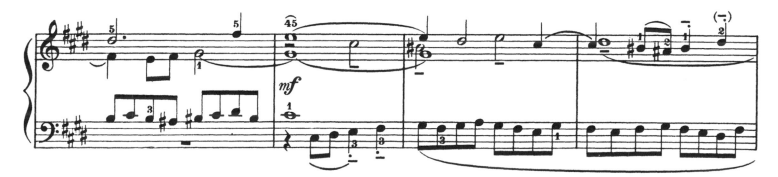

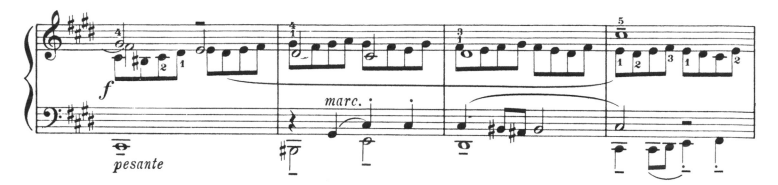

Prelude V

Preludio V°

31

81840

Fugue V   Fuga V^a

Moderato e maestoso ♩=60
a 4 voci

Prelude VI

Preludio VI°

Allegro moderato ♩=80

31840

Fugue VI

Fuga VI^a

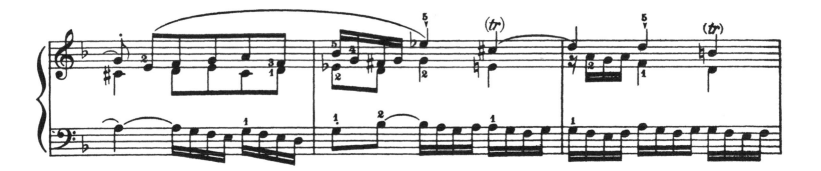

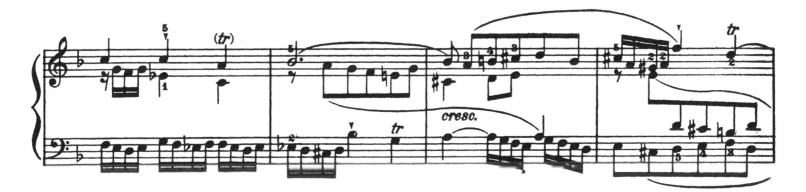

a) The short slur and staccato signs are autographical.
Las ligaduras cortas y los signos para el staccato son autógrafas.

b)

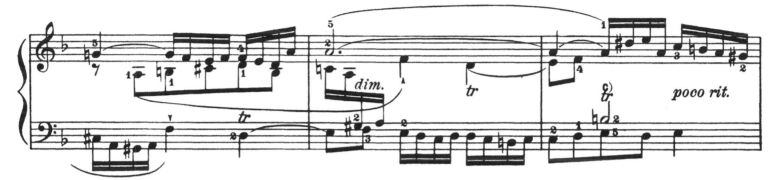

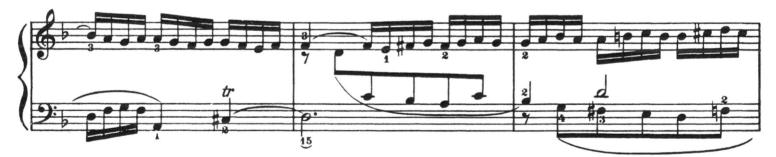

Prelude VII

Preludio VII°

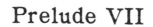

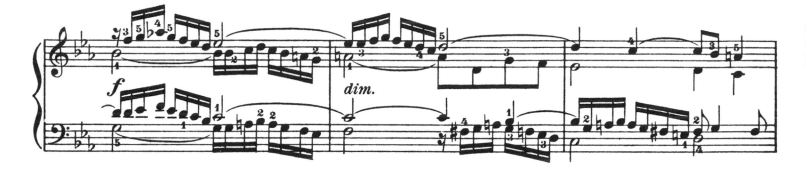

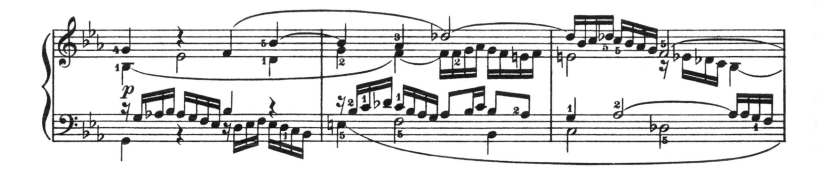

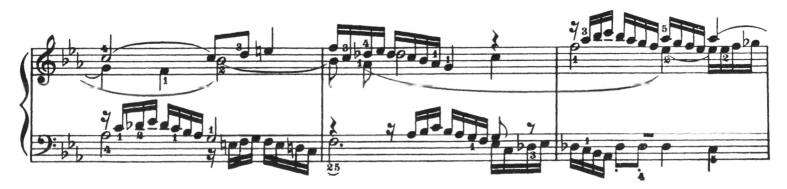

Fugue VII   Fuga VII^a

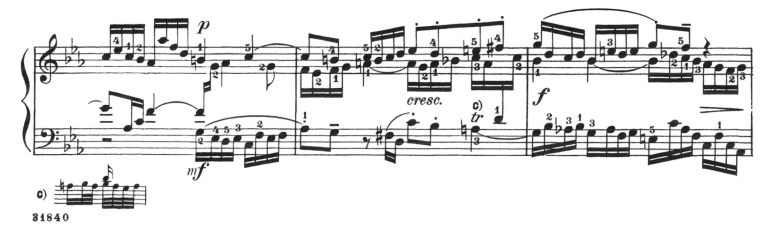

Prelude VIII

Preludio VIII°

Fugue VIII   Fuga VIIIᵃ

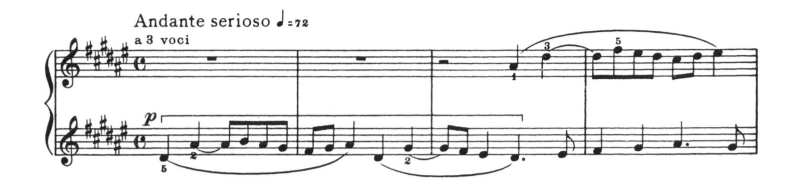

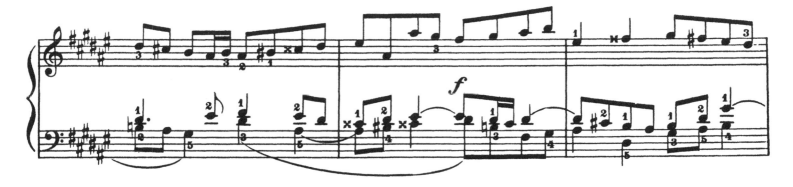

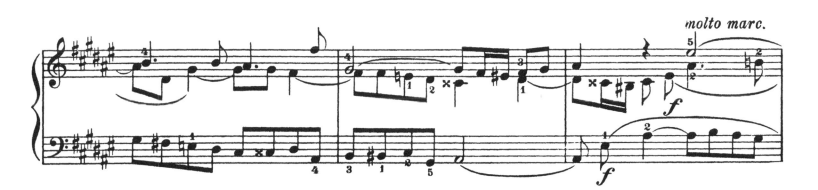

Prelude IX

Preludio IX°

Allegretto ♪.= 84

p dolce

espress.

poco rit.

a tempo

Fugue IX

Fuga IX^a

Allegro ♩ = 104
a 3 voci

62

Prelude X   Preludio Xº

a) **b)** The three short slurs are autographical.
Los tres ligados cortos son autógrafos.

81840

f) Presto ♩ = 132

e) [musical notation]   f) Original tempo indication.
La indicación para el tiempo es autógrafa

66

Fugue X

Fuga Xª

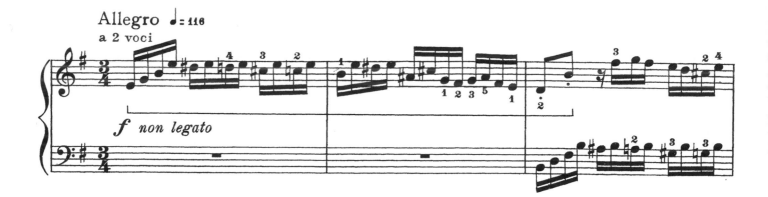

31840

a) Slur from the original manuscripts.
a) El ligado es de los manuscritos originales.

Prelude XI

Preludio XI°

Fugue XI

Fuga XIᵃ

Allegretto ♩.= 54
a 3 voci

a)

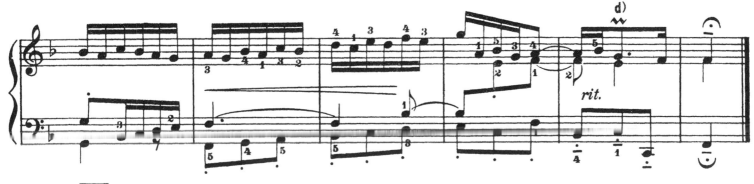

d)

74

Prelude XII

Preludio XII°

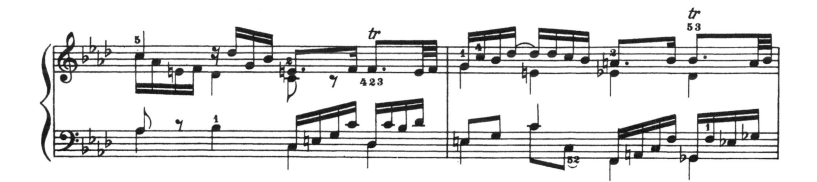

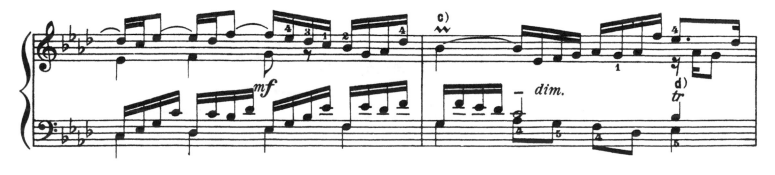

81840

Fugue XII

Fuga XII^a

Andante serioso ♩ = 63
a 4 voci

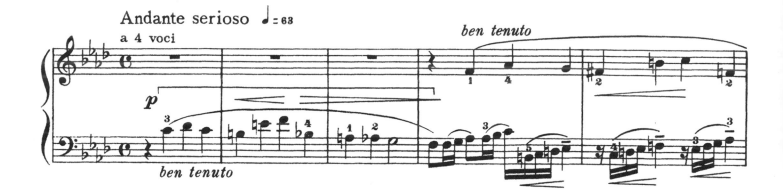

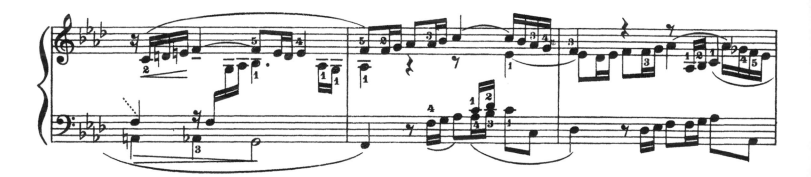

a)

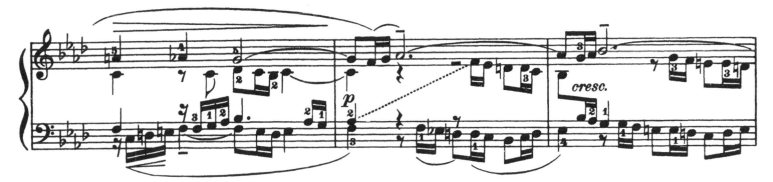

b)

81840

Prelude XIII

Preludio XIII°

a)

81840

Fugue XIII   Fuga XIII^a

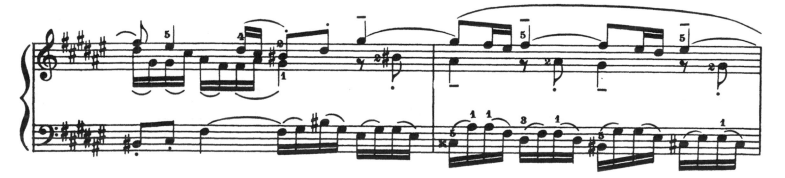

81840

Prelude XIV

Preludio XIV°

Allegro moderato ♩=92

a)

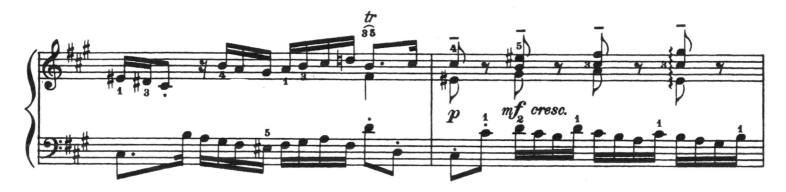

b)

Fugue XIV   Fuga XIV^a

Andante serioso ♩= 84
a 4 voci

a)

Prelude XV

Preludio XV°

Allegro vivace ♩=96

Fugue XV

Fuga XVª

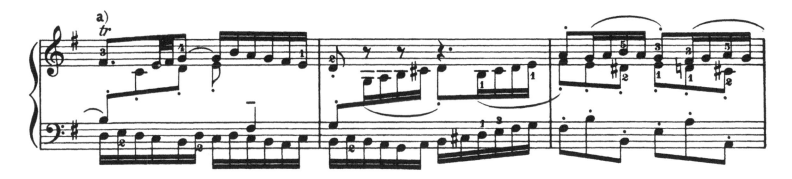

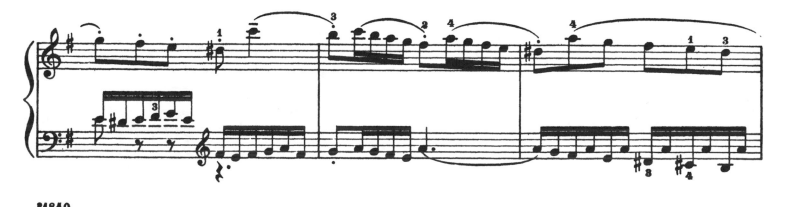

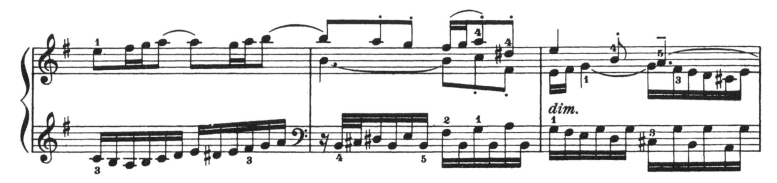

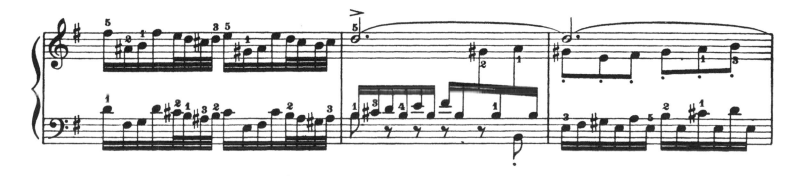

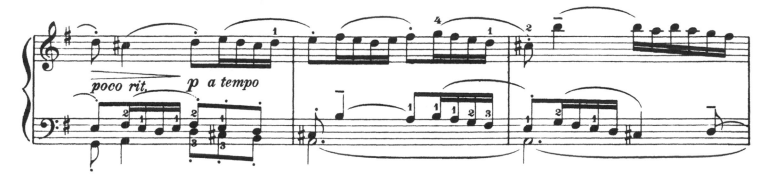

c)

d)

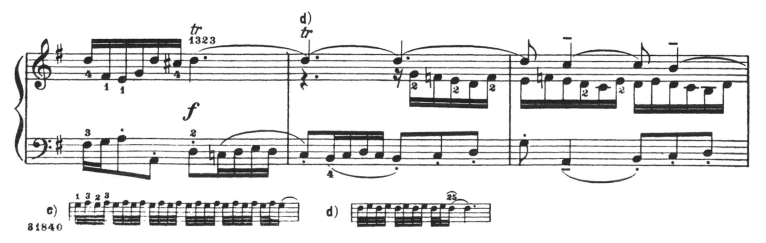

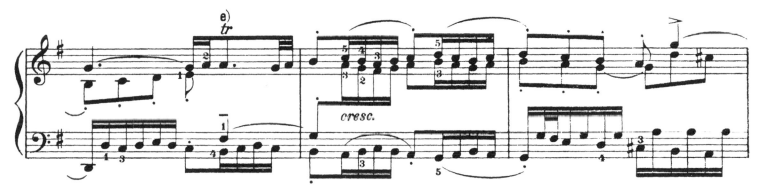

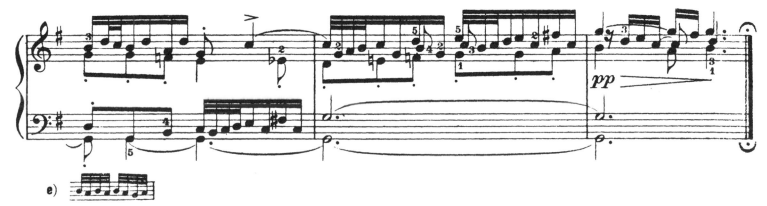

e)

Prelude XVI

Preludio XVI°

Lento ♩= 50

a)

Fugue XVI   Fuga XVIª

Prelude XVII

Preludio XVII°

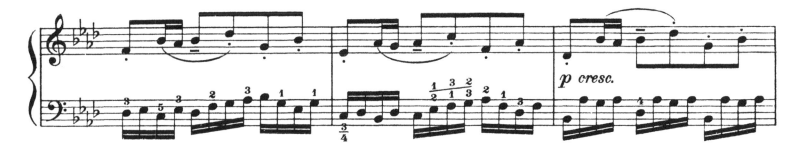

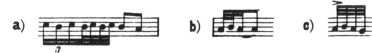

Fugue XVII

Fuga XVIIᵃ

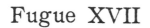

31840

Prelude XVIII

Preludio XVIII°

a) The slurs are autographical.
Las ligaduras son **autógrafas**.

31840

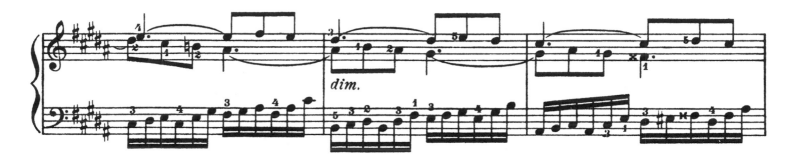

b)

Fugue XVIII

Fuga XVIII^a

Andante ♩ = 56
a 4 voci

p espressivo

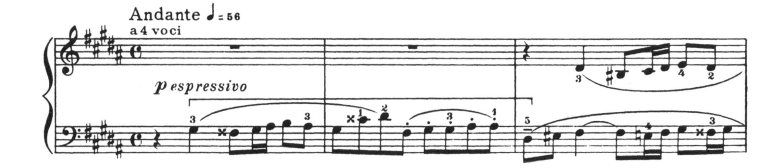

Prelude XIX

Preludio XIX°

Fugue XIX

Fuga XIX^a

Allegro moderato ♩.=66

a)

a)

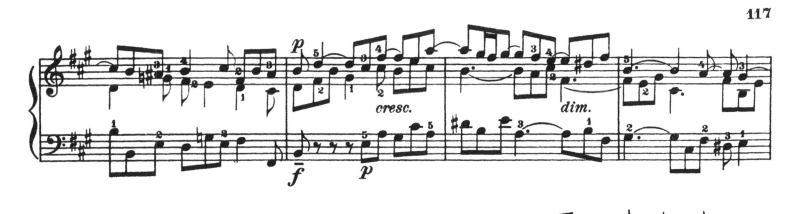

b)

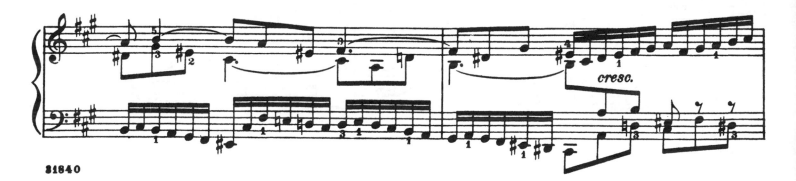

Prelude XX

Preludio XX°

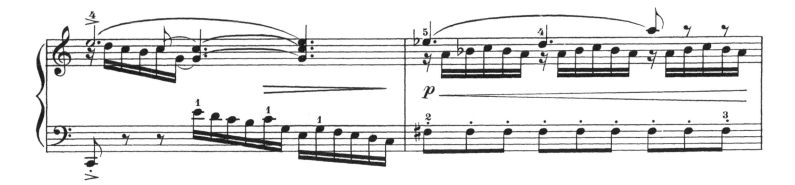

Fugue XX

Fuga XXᵃ

Moderato ♩ = 69
a 4 voci

a)

Prelude XXI

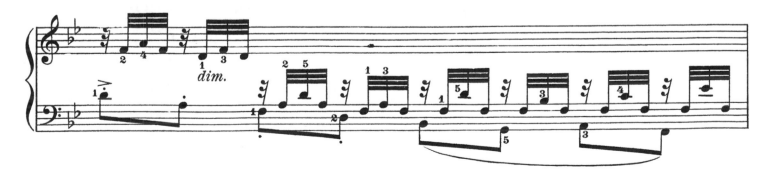

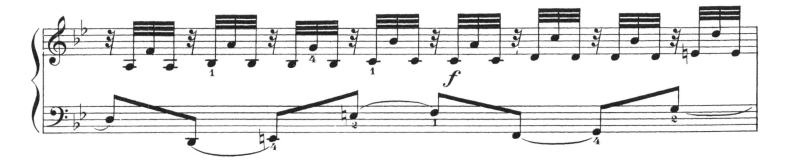

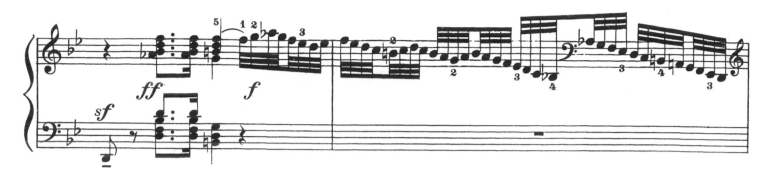

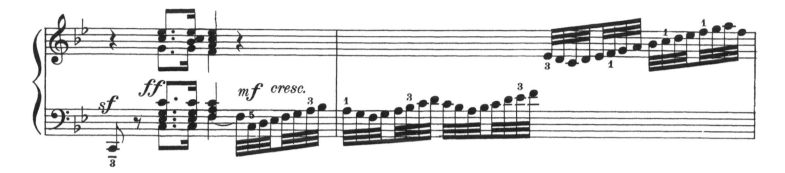

Fugue XXI

Fuga XXI^a

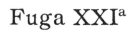

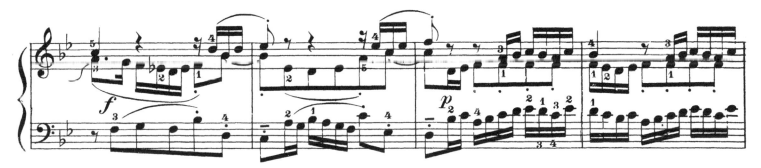

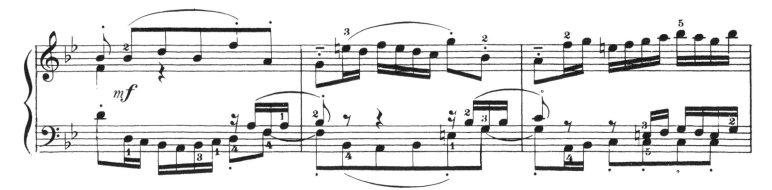

31840

Prelude XXII

Preludio XXIIº

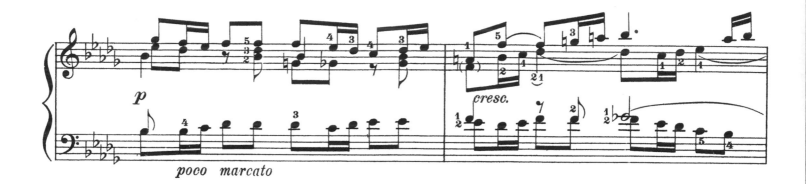

Fugue XXII

Fuga XXII^a

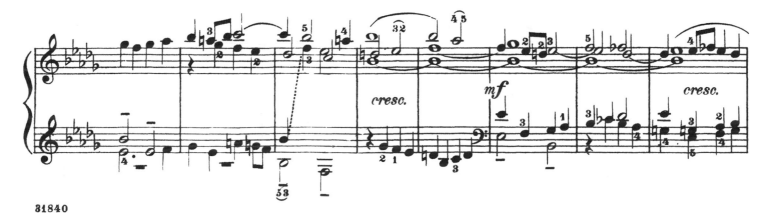

a)

31840

Prelude XXIII

Preludio XXIII°

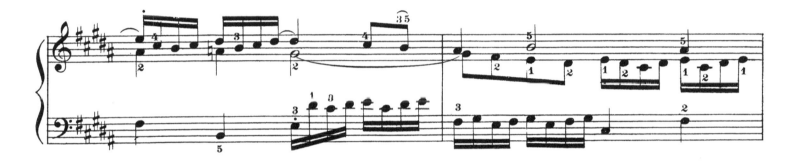

Fugue XXIII

Fuga XXIII^a

Andante ♩ = 60
a 4 voci

a)

81840

Prelude XXIV

Preludio XXIV°

a) Original tempo indication.
La indicación para el tempo es original.

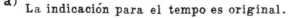

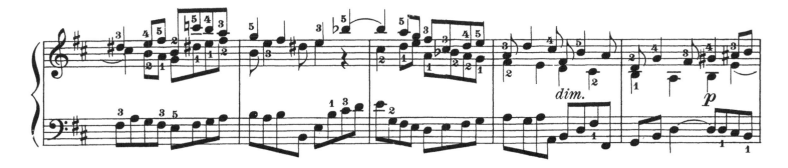

Fugue XXIV
Fuga XXIV^a

a) Largo ♩ = 46

poco *f* espressivo

OSSIA:

a) The tempo indication and short slurs in the theme are autographical.
La indicación para el tempo y las ligaduras cortas del tema son autógrafas.

31840

c) One manuscript reads:

146

OSSIA:

d) These two slurs are autographical.
Las dos ligaduras cortas son autógrafas.

81840